Corazones radiantes

Radiant Hearts

Corazones radiantes

Radiant Hearts

Oraciones y pasajes bahá'ís
para niños
español-inglés

EVANSTON, ILLINOIS

Bellwood Press
1233 Central St., Evanston, IL 60202

Printed in the United States of America
on acid-free paper ∞

ISBN: 978-1-61851-249-9
27 26 25 24 4 3 2 1

Spanish translations updated June 6, 2024 by the International Panel for Translation of Bahá'í Literature

Book and cover design by Patrick Falso
Illustrations by Aleisha Atashband

Oraciones

Prayers

Bendito es el sitio, y la casa, y el lugar, y la ciudad, y el corazón, y la montaña, y el refugio, y la cueva, y el valle, y la tierra, y el mar, y la isla y la pradera, donde se ha hecho mención de Dios y se ha glorificado Su alabanza.

~ Bahá'u'lláh

Blessed is the spot, and the house, and the place, and the city, and the heart, and the mountain, and the refuge, and the cave, and the valley, and the land, and the sea, and the island, and the meadow where mention of God hath been made, and His praise glorified.

~ Bahá'u'lláh

Tu nombre es mi curación, oh mi Dios, y el recuerdo de Ti es mi remedio. La proximidad a Ti es mi esperanza y el amor por Ti es mi compañero. Tu misericordia hacia mí es mi curación y mi socorro, tanto en este mundo como en el venidero. Tú, verdaderamente, eres el Todogeneroso, el Omnisciente, el Sapientísimo.

~ Bahá'u'lláh

Thy name is my healing, O my God, and remembrance of Thee is my remedy. Nearness to Thee is my hope, and love for Thee is my companion. Thy mercy to me is my healing and my succor in both this world and the world to come. Thou, verily, art the All-Bountiful, the All-Knowing, the All-Wise.

~ Bahá'u'lláh

¡Él es Dios! ¡Oh Dios, mi Dios! Concédeme un corazón puro como una perla.

~ *'Abdu'l-Bahá*

He is God! O God, my God! Bestow upon me a pure heart, like unto a pearl.

~ *'Abdu'l-Bahá*

¡Oh Dios! Guíame, protégeme, haz de mí una lámpara brillante y una estrella resplandeciente. Tú eres el Fuerte y el Poderoso.

~ *'Abdu'l-Bahá*

O God, guide me, protect me, make of me a shining lamp and a brilliant star. Thou art the Mighty and the Powerful.

~ *'Abdu'l-Bahá*

¡Oh Señor! Cultiva este pequeño retoño en el jardín de Tus múltiples dádivas, riégalo con las fuentes de Tu bondadoso afecto y permite que llegue a ser una hermosa planta mediante las efusiones de Tu favor y gracia.

Tú eres el Fuerte y el Poderoso.

~ *'Abdu'l-Bahá*

O Lord! Plant this tender seedling in the garden of Thy

manifold bounties, water it from the fountains of Thy loving-kindness and grant that it may grow into a goodly plant through the outpourings of Thy favor and grace.

Thou art the Mighty and the Powerful.

~ 'Abdu'l-Bahá

¡Oh Dios bondadoso! Soy una criatura pequeña, enaltéceme admitiéndome en el reino.
Soy terrenal, hazme celestial; pertenezco al mundo inferior, deja que pertenezca al reino superior;
estoy
apagado, haz
que me vuelva
radiante; soy
material,
hazme espiritual, y permite que pueda manifestar Tus infinitas bondades.

Tú eres el Poderoso, el Más Amoroso.

~ *'Abdu'l-Bahá*

O Thou Kind Lord! I am a little child, exalt me by admitting me to the kingdom. I am earthly, make me heavenly; I am of the world below, let me belong to the realm above; gloomy, suffer me to become radiant; material, make me spiritual, and grant that I may manifest Thine infinite bounties.

Thou art the Powerful, the All-Loving.

~ *'Abdu'l-Bahá*

Pasajes de los escritos bahá’ís

Passages from the Bahá’í Writings

¡Oh Hijo del Espíritu! Mi primer consejo es este: posee un corazón puro, bondadoso y radiante . . .

~ *Bahá'u'lláh*

O Son of Spirit! My first counsel is this: Possess a pure, kindly and radiant heart . . .

~ *Bahá'u'lláh*

Hollad la senda de la justicia, porque este es, ciertamente, el camino recto.

~ *Bahá'u'lláh*

Tread ye the path of justice, for this, verily, is the straight path.

~ *Bahá'u'lláh*

¡Oh Amigo! En el jardín de tu corazón no plantes sino la rosa del amor . . .

~ Bahá'u'lláh

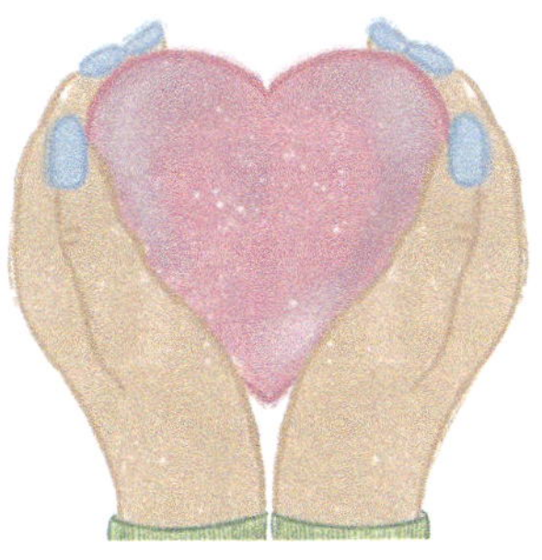

O Friend, In the garden of thy heart plant naught but the rose of love . . .

~ Bahá'u'lláh

Dar y ser generoso son atributos Míos; bienaventurado es aquel que se adorna con Mis virtudes.

~ Bahá'u'lláh

To give and to be generous are attributes of Mine; well is it with him that adorneth himself with My virtues.

~ Bahá'u'lláh

Bendito es aquel que prefiere a su hermano antes que a sí mismo.

~ Bahá'u'lláh

Blessed is he who preferreth his brother before himself.

~ Bahá'u'lláh

¡Oh Hijo del Hombre! Regocíjate con alegría en tu corazón, para que seas digno de encontrarte conmigo y reflejar Mi belleza.

~ *Bahá'u'lláh*

O Son of Man! Rejoice in the gladness of thine heart, that thou mayest be worthy to meet Me and mirror forth My beauty.

~ *Bahá'u'lláh*

¡Oh Hijo del Hombre! Sé humilde ante Mí, para que te haga la merced de visitarte.

~ *Bahá'u'lláh*

O Son of Man! Humble thyself before Me, that I may graciously visit thee.

~ Bahá'u'lláh

. . . que vuestro adorno sea el perdón y la clemencia, y aquello que alegre los corazones de los predilectos de Dios.

~ *Bahá'u'lláh*

. . . let your adorning be forgiveness and mercy and that which cheereth the hearts of the well-favored of God.

~ *Bahá'u'lláh*

Embelleced vuestras lenguas, oh pueblo, con la veracidad, y adornad vuestras almas con el ornamento de la honradez.

~ *Bahá'u'lláh*

Beautify your tongues, O people, with truthfulness, and adorn your souls with the ornament of honesty.

~ *Bahá'u'lláh*

Has de saber que tu verdadero adorno consiste en el amor a Dios y en tu desprendimiento de todo salvo de Él . . .

~ *Bahá'u'lláh*

Know that thy true adornment consisteth in the love of God and in thy detachment from all save Him . . .

~ Bahá'u'lláh

La fuente de toda gloria es aceptar todo aquello que el Señor ha otorgado y contentarse con lo que Dios ha ordenado.

~ *Bahá'u'lláh*

The source of all glory is acceptance of whatsoever the Lord hath bestowed, and contentment with that which God hath ordained.

~ *Bahá'u'lláh*

Bienaventurado el que se relaciona con todos en espíritu de máxima bondad y amor.

~ Bahá'u'lláh

Blessed is he who mingleth with all men in a spirit of utmost kindliness and love.

~ *Bahá'u'lláh*

La fuente del valor y del poder es la promoción de la Palabra de Dios y la firmeza en Su Amor.

~ *Bahá'u'lláh*

The source of courage and power is the promotion of the Word of God and steadfastness in His Love.

~ Bahá'u'lláh

La confiabilidad es el mayor portal que conduce a la tranquilidad y seguridad de los pueblos.

~ Bahá'u'lláh

Trustworthiness is the greatest portal leading unto the tranquility and security of the people.

~ *Bahá'u'lláh*

Encendeos, oh gentes, con el calor del amor a Dios, para que encendáis los corazones de los demás.

~ *Bahá'u'lláh*

Be ye enkindled, O people, with the heat of the love of God, that ye may enkindle the hearts of others.

~ Bahá'u'lláh

¡Oh Hijo del Ser! Tú eres Mi lámpara y Mi luz está en ti. Obtén de ella tu esplendor y no busques a nadie sino a Mí.

~ Bahá'u'lláh

O Son of Being! Thou art My lamp and My light is in thee. Get thou from it thy radiance and seek none other than Me.

~ Bahá'u'lláh

Dichoso el creyente que se ha ataviado con la vestidura del ahínco y se ha levantado para servir a esta Causa.

~ *Bahá'u'lláh*

Happy is the faithful one who is attired with the vesture of high endeavor and hath arisen to serve this Cause.

~ *Bahá'u'lláh*

Él, en verdad, aumentará la recompensa de aquellos que soportan con paciencia.

~ *Bahá'u'lláh*

He, verily, shall increase the reward of them that endure with patience.

~ Bahá'u'lláh

Sumamente elevada será tu posición si permaneces firme en la Causa de tu Señor.

~ *Bahá'u'lláh*

Supremely lofty will be thy station, if thou remainest steadfast in the Cause of thy Lord.

~ *Bahá'u'lláh*

La veracidad es la base de todas las virtudes humanas.

~ *'Abdu'l-Bahá*

Truthfulness is the foundation of all human virtues.

~ *'Abdu'l-Bahá*

Debemos en todo momento manifestar nuestra veracidad y sinceridad . . .

~ *'Abdu'l-Bahá*

We should at all times manifest our truthfulness and sincerity . . .

~ *'Abdu'l-Bahá*

Sé feliz. Sé agradecido. Levántate a dar gracias a Dios, para que tu agradecimiento aumente las bendiciones.

~ *'Abdu'l-Bahá*

Be thou happy. Be thou grateful. Arise to render thanks unto God, that thy thankfulness may conduce to an increase of bounty.

~ ‘Abdu’l-Bahá

El Reino de Dios se basa en la equidad y la justicia, y también en la misericordia, la compasión y la bondad para con toda alma viviente.

~ *'Abdu'l-Bahá*

The kingdom of God is founded upon equity and justice, and also upon mercy, compassion, and kindness to every living soul.

~ *'Abdu'l-Bahá*

Nunca pierdas la confianza en Dios. Ten siempre esperanza, pues las dádivas de Dios nunca cesan de descender sobre el hombre.

~ *'Abdu'l-Bahá*

Never lose thy trust in God. Be thou ever hopeful, for the bounties of God never cease to flow upon man.

~ *'Abdu'l-Bahá*